Inhalt

MaRisk - Was Versicherungen von Banken lernen können

Kernthesen

Beitrag

Fallbeispiele

Weiterführende Literatur

Impressum

MaRisk - Was Versicherungen von Banken lernen können

G.Dengl

Kernthesen

- Während die Bankbranche bei der Umsetzung der aufsichtlichen Anforderungen an das Risikomanagements im Rahmen von Basel II bereits die Ziellinie erreicht hat, geht die Versicherungsbranche gerade an den Start.
- Das Inkrafttreten der "Mindestanforderungen an das Risikomanagement für Versicherungen" (MaRisk) ist für Ende 2008 angekündigt; sie werden wesentliche Teile von Solvency II bereits vorwegnehmen und orientieren sich

stark an den bereits existierenden MaRisk für Banken.
- Insbesondere für die Kategorien Marktrisiko und operationelles Risiko werden Versicherungen stark von den Erfahrungen aus der Bankbranche profitieren können, wenn es jedoch um versicherungstechnische Risiken geht, dann stellt die Umsetzung hier auch für erfahrene Experten wieder einen Neuanfang dar.

Beitrag

Nachdem mit dem Inkrafttreten der Solvabilitätsverordnung zu Beginn dieses Jahres der Umsetzungsmarathon für aufsichtlich verordnetes Risikomanagement in den Banken langsam abklingt (ganz verebben wird er so schnell nicht, da es immer noch genügend Nachjustierungsbedarf gibt), stehen Versicherungen gerade erst am Beginn dieser Phase. Ende 2008 sollen die neuen Regelungen in Kraft treten.

MaRisk: die Vorhut von Solvency

II

Wesentliche Elemente von Solvency II (das EU-weit erst 2012 in Kraft treten wird) werden jedoch bereits in dem Regelwerk Mindestanforderungen an das Risikomanagement für Versicherungen (MaRisk) enthalten sein, dessen Veröffentlichung bereits für 2008 angekündigt ist.

Solvency II ist genau wie Basel II thematisch ebenfalls in drei Säulen gegliedert:
- Säule 1: Mindestkapitalanforderungen
- Säule 2: Internes Risikomanagement / Risikotragfähigkeit
- Säule 3: Risiko-Reporting / Marktdisziplin

In beiden Regelwerken werden die harten Anforderungen an die Bestimmung des Risikokapitals zunächst in Säule 1 festgelegt, während in Säule 2 wiederum genügend Spielraum für die "weichen" Seiten des Risikomanagements gelassen werden, z. B. für die Definition von geeigneten Prozessen oder die Risikostrategie. Genau diesen "weichen" Bereich regelt sowohl bei Banken als auch bei Versicherungen der deutsche Gesetzgeber in den "Mindestanforderungen an das Risikomanagement". Während des Regelwerk bei Banken aus einer Verschmelzung von Vorläufervarianten (Mindestanforderungen an das Kreditgeschäft

(MaK), Mindestanforderungen an Handelsgeschäfte (MaH) und Mindestanforderungen an die Interne Revision (MaIR) hervorgeht, stellt das Regelwerk für Versicherungen einen Premiere dar. Da das Geschäft von Banken und Versicherungen zu großen Teilen vergleichbar ist, wird erwartet, dass die beiden Regelwerke sich stark gleichen werden. Ingesamt stellt sich dennoch die Frage, wie viel Versicherungen von Banken tatsächlich lernen können. (9)

Basel II

Die hauptsächlichen Neuerungen, die Basel II den Banken gebracht hat, sind die Definition neuer Regeln für die Eigenkapitalunterlegungen im Kreditgeschäft. Darüber hinaus werden Banken im Rahmen der Säule 2 ermutigt, beim internen Risikomanagement weitere Risiken als die aufsichtsrechtlich definierten (Marktrisiko, Kreditrisiko und operationelles Risiko) zu berücksichtigen, z.B. das Geschäftsrisiko oder das Liquiditätsrisiko.
Säule 3 regelt das Risiko-Reporting gegenüber der Aufsicht und gegenüber dem Kapitalmarkt.

Solvency II

Während Basel II die Berechnung der Eigenkapitalunterlegung in Säule 1 explizit mit einem aufsichtlichen Modell vorgibt, werden Versicherungen ermutigt, eigene interne Modelle zu entwickeln. Interne Modelle haben den entscheidenden Vorteil, dass sie Eins-zu-Eins sowohl für die tatsächliche Unternehmenssteuerung wie auch für das aufsichtliche Reporting verwendet werden können. (7), (6), (5)
Diesen Freiraum nutzte der Gesamtverband der deutschen Versicherungswirtschaft e. V. (GDV) um ein Standardmodell für jene Versicherer zu entwickeln, die den finanziellen Aufwand an eine eigene Modellentwicklung scheuen.
Schwerpunkt der Säule 2 ist die Entwicklung eines "internen Kontroll- und Steuerungssystems" (IKS), das folgende Bereiche umfasst:
- Risikotragfähigkeitskonzept
- Prozesse zur Identifikation, Analyse, Bewertung, Steuerung und Überwachung von Risiken
- Risikomanagementsystem und Limitsystem
- Risikoberichterstattung
Säule 3 regelt, genau wie in Basel II, das Risiko-Reporting gegenüber der Aufsicht und gegenüber dem Kapitalmarkt.

Das verbindende Element: MaRisk

Die MaRisk decken inhaltlich fast vollständig die jeweiligen Säulen 2 der Anforderungen bereits ab. Der Unterschied: die MaRisk für Banken gibt es nun schon, die für Versicherungen sind für 2008 angekündigt (der erste Entwurf ist für Ende 2007 bereits angekündigt). Branchenexperten gehen davon aus, dass sich die Anforderungskataloge in dem Teil, der keine Branchenspezifika aufweist, kaum unterscheiden werden. Das bedeutet insbesondere, dass die Anforderungen hinsichtlich der Behandlung von Marktrisiken und operationellen Risiken weitgehend identisch sein werden, während die Anforderungen an kredit- bzw. versicherungstechnische Risiken natürlich individuell ausgestaltet sein wird. Einige Unterschiede wird es auch in den Bereichen der strategischen Geschäftsrisiken geben.

Rolle der Rückversicherung

Weiterhin fragwürdig bleibt die zukünftige Rolle der

Rückversicherung nach der Einführung von Solvency II. Für Erstversicherer war bisher die Rückversicherung eine bequeme Möglichkeit Sicherheit zu kaufen. Solvency II verändert nun den Sicherheitsstandard. War es aus Sicht der Aufsicht für Versicherer in Deutschland bisher ausreichend, genügend Kapital vorzuhalten, um einen Schadensfall auszuhalten, der maximal alle 64 Jahre einmal eintritt, so wird diese Periode nun erhöht auf 200 Jahre - eine deutlich höhere Kapitalanforderung. Hier stellt sich zu Recht die Frage, in welcher Art und in welchem Umfang Rückversicherung zukünftig gebraucht wird. (2)

Fallbeispiele

Standardmodell des GDV nicht konservativ

Mit der Entwicklung eines Standardmodells wollte der GDV eine kostengünstig und einfach zu implementierende Lösung insbesondere für kleinere Versicherungshäuser schaffen. Mittlerweile mehren sich allerdings die Gegenstimmen zu diesem Modell. Um es besonders einfach zu halten, wurden verschiedene mathematische Annahmen getroffen, z.B. auch die, dass Schadenhäufigkeit und/oder Schadenschwere für bestimme Sparten normal verteilt seien (was sie in der Regel nicht sind). Bereits durch eine einfach statistische Simulation kann gezeigt werden, dass zumindest für Kapitalanlage und Lebensversicherung die Ergebnisse des Standardmodells die aufsichtlichen Vorgaben an die Konservativität nicht erfüllen, das heißt, dass ein bestimmtes Konfidenzniveau verletzt wird. Hier wird vom GDV noch nachzubessern sein. (4)

Operationelle Risiken: Von den Erfahrungen der Bankwirtschaft lernen

Bei keiner Risikokategorie sind die Ähnlichkeiten zwischen Banken und Versicherungen so groß, wie bei den operationellen Risiken. Es handelt sich hierbei um die Gefahr von Verlusten, die in Folge der Unangemessenheit oder des Versagens von internen Verfahren, Menschen und Systemen oder in Folge von externen Ereignissen eintreten. Darunter leiden Finanzdienstleister unabhängig von den einzelnen

Produkten. In diesem Bereich dürften die Synergien der Erfahrungen am leichtesten gehoben werden, z.B. in Form von externem Beratungs-Know-how, das hierfür ausreichend zur Verfügung steht, oder dem Vorhandensein erprobter Tools. (3)

Weiterführende Literatur

(1) 2008 wird es ernst mit dem neuen Risikomanagement
aus Versicherungswirtschaft, 15.11.2007, 62.Jg., Nr. 22, S. 1925

(2) Harte Zeiten - weiche Preise
aus Versicherungswirtschaft, 15.11.2007, 62.Jg., Nr. 22, S. 1888

(3) Von den Erfahrungen der Bankwirtschaft profitieren
aus Versicherungswirtschaft, 15.6.2007, 62.Jg., Nr. 12, S. 954

(4) Ist das deutsche Standardmodell konservativ?
aus Versicherungswirtschaft, 1.11.2007, 62.Jg., Nr. 21, S. 1775

(5) Marktorientierte Konzepte im Risikomanagement
aus Versicherungswirtschaft, 1.4.2007, 62.Jg., Nr. 07, S. 519

(6) Marktorientierte Konzepte im Risikomanagement

aus Versicherungswirtschaft, 15.4.2007, 62.Jg., Nr. 08, S. 610

(7) Marktorientierte Konzepte im Risikomanagement
aus Versicherungswirtschaft, 1.5.2007, 62.Jg., Nr. 09, S. 711

(8) O. V., Deutsche Versicherer bestehen erneut, versicherungsbetriebe, 4/2007, S. xiv
aus Versicherungswirtschaft, 1.5.2007, 62.Jg., Nr. 09, S. 711

(9) Versicherer managen ihre Risiken nicht gut
aus Handelsblatt Nr. 233 vom 03.12.07 Seite 36

(10) Software zum Risikomanagement
Frühwarnsystem für Banker
aus HANDELSBLATT online 14.12.2007 22:52:16

(11) Handlungsbedarf bei Risikoarchitekturen - IT-Systeme und Prozesse gestalten
aus Versicherungswirtschaft, 15.10.2007, 62.Jg., Nr. 20, S. 1683

Impressum

MaRisk - Was Versicherungen von Banken lernen können

Bibliografische Information der deutschen Nationalbibliothek

Die Deutsche Nationalbibliothek verzeichnet diese Publikation in der deutschen Nationalbibliografie; detaillierte bibliografische Daten sind im Internet über http://dnb.d-nb.de abrufbar.

ISBN: 978-3-7379-0469-8

© 2015 GBI-Genios Deutsche Wirtschaftsdatenbank GmbH, Freischützstraße 96, 81927 München, www.genios.de

Alle Rechte vorbehalten. Dieses Werk ist einschließlich aller seiner Teile – z.B. Texte, Tabellen und Grafiken - urheberrechtlich geschützt. Jede Verwertung außerhalb der Grenzen des Urheberrechtsgesetzes bedarf der vorherigen Zustimmung des Verlags. Dies gilt insbesondere auch für auszugsweise Nachdrucke, fotomechanische Vervielfältigungen (Fotokopie/Mikroskopie), Übersetzungen, Auswertungen durch Datenbanken oder ähnliche Einrichtungen und die Einspeicherung und Verarbeitung in elektronischen Systemen.